歴史ごはん
食事から日本の歴史を調べる

第1巻 縄文〜弥生〜奈良時代の食事

【監修】永山久夫・食文化史研究家　　山本博文・東京大学史料編纂所教授

《歴史ごはん》食事から日本の歴史を調べる

はじめに　4

第1章　縄文時代の食から見る歴史

縄文時代の歴史ごはん

自然のめぐみをたっぷり味わう縄文人のごはん ………………………………… 6

土器が変えた縄文のくらし ………………………………………………………… 8

季節のめぐりに合わせた食生活 …………………………………………………… 10

どんな集落を営んでいたのか ……………………………………………………… 12

食料を集めるための道具 …………………………………………………………… 14

海をこえて幅広く交易 ……………………………………………………………… 16

● 縄文人の健康と人口　18

第2章　弥生～古墳時代の食から見る歴史

弥生時代の歴史ごはん

しっかりかんで長生きをした卑弥呼のごはん …………………………………… 20

第1巻　縄文〜弥生〜奈良時代の食事

米を中心とした食生活に変わる ·· 22

米のためにつくられた道具 ·· 24

弥生時代の「むら」のくらし ·· 26

「むら」から「くに」へ ·· 28

古墳時代の食生活 ·· 30

● 日本の歴史書に残る最初の料理と料理人　32

第3章　飛鳥〜奈良時代の食から見る歴史

奈良時代の歴史ごはん

日本中の美味を集めた長屋王のごちそう ······································ 34

「食べる」ぜいたくを味わう ·· 36

大陸との交流から生まれた食習慣 ·· 38

人も、食べものも都に集まる ·· 40

肉ではなくダイズのうまみへ ·· 42

貴族と庶民 ― 食の二極化 ·· 44

● すし ― 寿司・鮨・鮓、どれが正しい？　47

はじめに

　わたしたちは、何かを食べないことには生きていけません。それは、何百年前、何万年前の人たちも同じです。

　わたしたちが今、日常的に食べている「和食」は、ユネスコの無形文化遺産に登録され、すぐれた健康食としても、世界から評価されています。では、昔の日本にくらした人たちはどんなごはんを食べていて、それは、今の「和食」とはちがっていたのでしょうか。

　生活の基本であるごはんのことを知れば、当時のことが身近に感じられ、歴史の教科書に出てくる出来事は遠い別世界のことではなく、今のわたしたちへとつながっていることが感じられると思います。

　本書を通じて、歴史への興味を深め、また、自分たちの食べるものに関心をもってもらうことを願っています。

　この巻では、ゆたかな自然のめぐみを生かした縄文時代から、米づくりの始まる弥生時代を経て、中国の影響を大きく受けた奈良時代までを見ていきましょう。

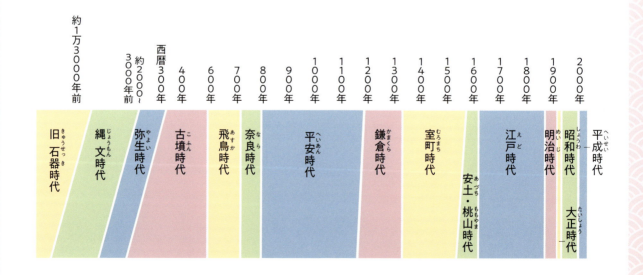

第 1 章

縄文時代の食から見る歴史

動物をつかまえ、木の実を集めてくらしていた縄文時代は、ゆっくりと発展しながら、1万年以上も長く続きました。土器や石器を使いこなし、みんなで協力しながら、ゆたかな食生活を送っていたようです。

縄文時代の歴史ごはん

自然のめぐみをたっぷり味わう
縄文人のごはん

今から約1万3000年前から、1万年以上続いたとされる縄文時代。野生の動物や魚、木の実や山菜をとるなど、自然のめぐみを利用してくらしていました。写真は、縄文時代後期のころの縄文人のごはんを再現したものです。

❶ イノシシの肉

縄文時代の遺跡から出る動物の骨の9割は、イノシシとシカです。写真のように直接、火にかざして焼いたり、煮たりして食べました。干し肉にして保存もしたようです。

❷ 魚

とれる時期が限られる動物とちがい、魚は種類を変えてほぼ一年中とれるため、縄文人にとっては大切なたんぱく源でした。

縄文人

ひたいはせまく、まゆは太め、まゆの間が出っぱり、鼻すじは広くて高く、角ばった顔つきをしていたと考えられています。

みんなで料理を囲んで食べた

縄文時代のごはんは、大皿にもりつけた料理をならべてみんなで囲み、そこから直接、手でつかんで食べていたと考えられています。しかし、スプーンのような形をした土製品は見つかっているので、料理によっては一人ひとり、小さな器や木の葉などに取り分けて食べていたのかもしれません。

❸ 貝

貝も、魚と同じでほぼ一年中とれるため、たくさんの種類が食べられました。生で食べるほか、ゆでたり、干したりして保存食にもなりました。

❹ 木の実

ドングリ、クリ、クルミ、シイ、カヤ、トチノキなどの木の実が、縄文人の主食でした。ゆでたり焼いたりしたものをそのまま食べたり、すりつぶして粉にして、パンやクッキーのようなものをつくったりもしました。

❺ 野菜

むかしから日本にある野菜の種類は少なく、タケノコ、ワラビ、ヨモギ、ヨメナ、フキなどの山菜類、ヤマイモ、ムカゴなどのイモ類、キノコ類が中心でした。

第1章 ● 縄文時代の食から見る歴史

土器が変えた縄文のくらし

縄文時代と、それより前の「旧石器時代」の大きなちがいは、土器があるかないかです。土器を使うようになったことで、食生活やくらし方は大きく変わりました。

世界最古の土器・縄文土器

縄文土器は、土をこねてひものようにのばし、輪をえがくようにつみ上げて形づくり、かわかしたあとに火の中に直接入れて焼き上げます。煮たき用につくられた土器としては、世界で最古のものと言われます。

土器の表面に、縄をころがして模様をつけたことから「縄文土器」と名づけられました。かざりのつけ方や、土器の形に集落や地域ごとで特徴があるため、その当時、どういう交流があったのかを調べる手がかりともなっています。

しだいに、料理をもりつける浅い鉢や、台付きの皿など、形やサイズが多様になります。

縄文時代の最初のころの土器は底がとがっていて、火の中や、火のそばの地面にうめて使いました。

ふちにほのおのようなかざりがついた「火焔型土器」は、新潟県、長野県などの一部地域だけでしか発見されていません。

土器により、ゆたかになった食生活

土器ができたことで可能になった調理法が、「煮る」です。長時間、火にかけ続けられるようになったことで、これまでアク（しぶみやにがみ）が強くて食べることができなかったドングリなどの木の実を食べることができるようになりました。木の実を主食にすることで、獲物を追って移動する必要がなくなり、1カ所に定住してくらすようになります。

また、肉と野菜をいっしょに煮こむことで、味がよくなったうえ、栄養がとけこんだ汁を飲むこともできるようになり、栄養面も向上しました。

つくってみよう！

縄文パン

1万年以上も前につくられていたパンがどんなものだったか、味わってみましょう！

[材料]（2枚分）

そば粉 50g　　小麦粉 50g　　すりおろした
　　　　　　　　　　　　　　ヤマイモ
　　　　　　　　　　　　　　50g

きなこ 20g　　ハチミツ　　　すった黒ごま
　　　　　　　大さじ2　　　大さじ2

[必要な道具]

ボウル　　　フライ返し
　　　フライパン

① 材料をすべてボウルに入れてよく混ぜあわせたら、少しずつ水（分量外）を加えて、耳たぶくらいのかたさになるようにこねる。

② ①を2等分し、直径13〜15cm、厚さ8mmほどに手でのばす。

③ 熱したフライパン（またはホットプレート）にのせ、弱火で10分ほど焼く。裏返してこんがりするまで焼く。

＼できあがり！／

＊今回は小麦粉を使いましたが、縄文時代はドングリを粉にするところから始めないといけませんでした。

土器ができる前の調理法

直接、火にかざして焼く方法のほかには、
❶火の中に石を入れて熱く焼き、取り出したその石の上で肉などを焼く
❷穴をほって石などでかためて水を入れ、そこに食材と焼けた石をほうりこんでゆでる
❸穴をほって焼けた石と食材を入れ、葉っぱや土でふたをして蒸す

などがあり、今も使われる調理法です。秋田県には焼いた石をほうりこんで仕上げる「石焼鍋」と呼ばれる料理があります。

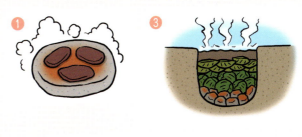

第1章　縄文時代の食から見る歴史

季節のめぐりに合わせた食生活

狩りや、木の実などを集めて食べものを確保していた縄文時代。旬に合わせて計画的に食べものを得ていたと考えられています。　※旬……食べものがいちばん多くとれ、おいしい時期。

◆ 縄文人の食材カレンダー

　四季の変化が大きく、山・川・海と地形もさまざまな日本では、いろいろな種類の海の幸、山の幸を得ることができました。しかし、いつ、どこで、どんなものがとれるかをちゃんとわかっていないと、その実りを手にすることはできません。

　縄文人がいつ、どんなものを食べていたか、見てみましょう。

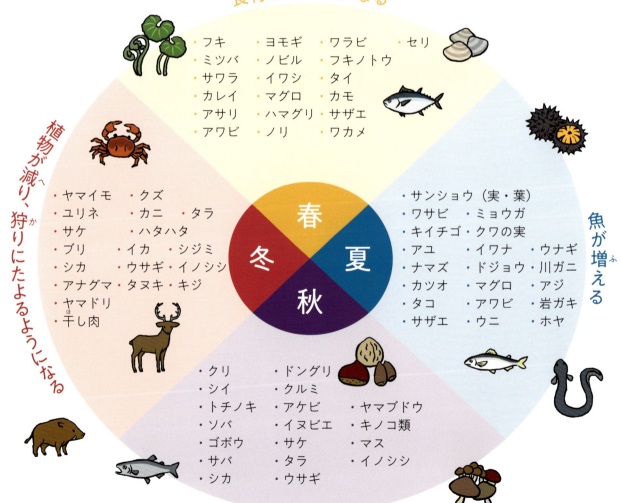

食材がゆたかになる（春）
- フキ ・ヨモギ ・ワラビ ・セリ
- ミツバ ・ノビル ・フキノトウ
- サワラ ・イワシ ・タイ
- カレイ ・マグロ ・カモ
- アサリ ・ハマグリ ・サザエ
- アワビ ・ノリ ・ワカメ

魚が増える（夏）
- サンショウ（実・葉）
- ワサビ ・ミョウガ
- キイチゴ ・クワの実
- アユ ・イワナ ・ウナギ
- ナマズ ・ドジョウ ・川ガニ
- カツオ ・マグロ ・アジ
- タコ ・アワビ ・岩ガキ
- サザエ ・ウニ ・ホヤ

木の実をとり、たくわえる（秋）
- クリ ・ドングリ
- シイ ・クルミ
- トチノキ ・アケビ ・ヤマブドウ
- ソバ ・イヌビエ ・キノコ類
- ゴボウ ・サケ ・マス
- サバ ・タラ ・イノシシ
- シカ ・ウサギ

植物が減り、狩りにたよるようになる（冬）
- ヤマイモ ・クズ
- ユリネ ・カニ ・タラ
- サケ ・ハタハタ
- ブリ ・イカ ・シジミ
- シカ ・ウサギ ・イノシシ
- アナグマ ・タヌキ ・キジ
- ヤマドリ
- 干し肉

10

定住をうながした森の変化

縄文時代より前は「氷河期」といって、気温がずっと低く、食べられる植物が少なかったため、必要なエネルギーの多くはマンモスなど大型のほ乳類の肉からとるしかありませんでした。

しかし2万年ほど前から少しずつ気温が上がり、木の実やキノコ、イヌビエなどの穀物が実るようになり、それらをエサにするイノシシやシカなどの動物も集まるようになります。そうした森の実りを利用して、縄文人は1カ所にとどまってくらす定住生活を送るようになったのです。

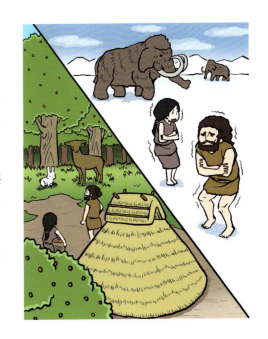

貝塚が教えてくれる食生活

縄文時代の人たちが何を食べていたのか書き残されていませんが、集落から出たごみを捨てる「貝塚」は、縄文人の生活を知るための大切な手がかりとなっています。

貝がらが多く見つかることから「貝塚」と言われますが、土器や石器のかけらや、動物や魚の骨、植物の種や日用品など、いろいろなものが発見されています。魚介類だけを見ても、日本全国の貝塚から約70種の魚の骨、約350種の貝が確認されるなど、縄文人のゆたかな食生活をうかがわせます。

貝塚にあらわれる地域性

北海道の貝塚ではアシカやオットセイ、トドなどの骨が、神奈川県や石川県ではイルカの骨が多く見つかるなど、貝塚からは地域ごとの特徴的な食生活がわかります。さらに、三内丸山遺跡ではイノシシやシカの骨の割合が減り、魚が9割を占めることから、イノシシやシカなどがどのあたりまで住んでいたかなどを知ることもできます。また、とれる木の実によって当時の気候を知ることもできるのです。

どんな集落を営んでいたのか

集団でくらす場所やそれぞれの家は、適当につくられたのではなく、便利な場所を選び、家の配置なども考えて集落を形づくったようです。

集落の様子

縄文時代は、だいたい4〜6世帯がまとまって一つの集落をつくっていました。魚や貝をとったり、料理をしたりするためには水場に近いほうが便利ですが、洪水などの危険をさけるために、また、動物や山菜をとるためにも、水辺からある程度はなれて山側に入った場所が選ばれました。

森
イノシシやウサギなどの動物をつかまえたり、クリなどの木の実や山菜をとる。

住居

広場
祭りや集会を開いたり、土器や干物をつくるなどの共同作業を行う。

水場
舟を出したり、あみをしかけたりして魚をとる。

ごみ捨て場（貝塚）
集落のはずれにつくる。

人口が増えると、しだいに大きな集落もできます。青森県の三内丸山遺跡は500人を超える人口をかかえ、東京ドーム9個分（42ha）もの広さがある巨大集落でした。集会所と考えられる長さ32m、幅10mもある大型竪穴建物のほか、500軒以上の竪穴建物跡が見つかっています。

家の中の様子

縄文人は、地面を少しほり下げてから柱を立て、草や土でおおった「竪穴住居」に住んでいました。

一般的な住居の場合、直径はおよそ5mの円形で、まん中に「炉」があり、そのまわりで料理をし、食事をとり、あたたまりました。炉の上にはたながつくられ、そこに魚や肉などを干して保存食をつくっていたと考えられます。

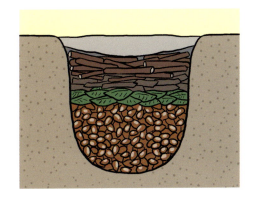

たくさんとって、しっかり貯蔵

木の実は、長期間保存できる便利な食べものでした。秋にたくさん収穫しておいて、一部は地面にほった貯蔵穴に保存しました。木の実の上に木の葉や木の皮などをかぶせて、さらにねん土でふたをします。アクを抜くために、水につけて保存することもありました。

たくさんとれるように増やす

アク抜きの必要がなく、あまみもあるクリは、縄文人に好まれました。自然にはえている木からとるだけでなく、人工的にクリ林をつくっていたこともわかっています。

青森県の三内丸山遺跡には、クリの木だけの森がありました。DNAも非常によく似ていることから、自然にできた森ではなく、大きな実をつける木を選んで増やしていったと考えられます。

※DNA……生物の特徴を伝える遺伝子の本体。

第1章 ● 縄文時代の食から見る歴史　13

食料を集めるための道具

今のような便利な道具がない時代でも、知恵をはたらかせ、いろいろとくふうして、みんなで協力して食料を得ていました。

◆ 木の実を食べるために発達した石器

木の実はそのまま食べることもできますが、粉にすると、もっといろいろな食べ方をすることができます。水にさらしてアクを抜いた木の実を粉にしたあと、ヤマイモや肉と混ぜて、パンのようにして焼いて食べたようです（→9ページ）。

石皿とすり石

スープ皿のようなくぼみのある石は、木の実をつぶすための道具だったと考えられています。皿の上に木の実をのせてすり石でたたき、取り出した実をすりつぶして粉にしました。

くぼみ石とたたき石

木の実がころがりにくいように、くぼみが入った石器もあります。たたき割る専用の石皿だったと考えられます。

◆「切る」技術の向上

石同士をぶつけるなどしてけずった「打製石器」を使っていた旧石器時代に対し、縄文時代になると、ほかの石でこすることで表面をなめらかにした「磨製石器」を使うようになります。主に黒曜石を使いました。

手のひらにおさまるサイズの「石ひ」は皮をはいだり、肉を切るのに使われました。また「石ふ」（石おの）がするどくなったことで、木を切ったり、加工したりしやすくなり、舟や大型の建物がつくられるようになりました。

遠くからしとめる

　縄文人がよく食べたイノシシは、現代のイノシシより大きく、体重200kgはあったと言われます。弓ややりを使ってみんなで協力して落とし穴へ追いこみ、しとめたと考えられています。

　また、旧石器時代よりもねらう獲物が小さく、すばやくなったことで、これまでのものよりも飛距離が出る、小さくてするどい矢や、やりの先（石ぞく）がつくられるようになりました。

石ぞく

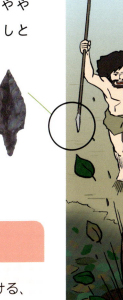

減らないようにとる

　縄文人は狩りをするとき、子どもを生む時期はさける、メスや子どもはとらないなどのルールを決めていました。貴重な動物が減らないように気をつけていたのです。

　しかし、しだいに人口が増え、気候が寒冷化したために木の実がとれず、獲物も減ったため、メスや子どもも食べるようになり、人口が減少することにつながりました。

さまざまな方法で魚をとる

　岸の近くや浅いところでは、「やす」という道具で魚をつきました。あみをしずめるためのおもりと考えられる石（石すい）が見つかっていることから、あみを使った漁もしていたようです。

　さらに、丸木をくり抜いてつくった舟で海に出て漁もしていたようです。貝塚からはマグロのような沖でとれる魚や、大勢で協力しないととれないクジラなどの骨も見つかっており、かなり高い技術をもっていたと考えられます。

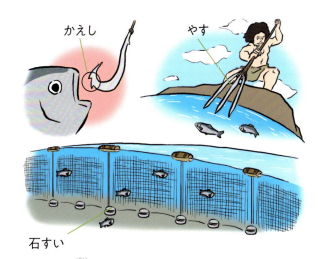

かえし　やす　石すい

初期のつり針はまっすぐでしたが、しだいに「し」の字のように曲がり、縄文時代の終わりごろになると、現代のつり針と同じように「かえし」もつくられるようになります。

第1章　縄文時代の食から見る歴史　15

海をこえて幅広く交易

縄文時代は身の回りでとれるものだけで生活していたように思うかもしれませんが、必要なものを手に入れるため、遠い地方とも交流していたことがわかっています。

◆ 沿岸部と内陸部で特産品を交換

海からはなれた内陸部の遺跡からも、貝がらや魚の骨が見つかっています。自分たちで遠くまで漁に出ただけでなく、動物の肉や毛皮、山菜類と魚介類を交換していたと考えられます。

とくに日本では、塩は海水からつくるしか方法がありませんでした。そのため、内陸部と沿岸部の取引では、塩は貴重な商品だったのでしょう。

塩のつくり方

内側に塩がこびりついた土器が出土していることから、海水を煮つめて塩をつくっていたと考えられています。
① 海藻に海の水をかけて、太陽にあててかわかす。これを何度もくり返す。
② その海藻を海水で洗い、こい塩水をつくる。
③ 土器に入れて煮つめる。

◆ 縄文時代の食品工場

すべて貝がらがつまっています

東京都にある中里貝塚は、幅100m、長さ700m、貝の層は4.5mにもなる日本最大級と言われる貝塚です。しかも、ハマグリとカキの貝がらしかありません。近くに集落跡もないことから、内陸部と取引するためにハマグリやカキをとってはゆがいて身を取り出し、干し貝などをつくった加工場だったと考えられています。また、杭を立てた跡も見つかっており、カキの養殖もしていたようです。

海をこえて取引する

　黒曜石やサヌカイト（讃岐石）でつくられた石器は日本各地で見つかりますが、原料の石がとれる場所は限られていました。装飾品に使われるヒスイも、新潟県の姫川流域でしかとれませんでしたが、東日本全域で発見されています。

　貴重な石を求めて遠くからやってきたり、別の品物と交換するのに使われることで、日本各地へ広がっていったのでしょう。見た目は同じでも産地により微妙に成分がちがうので、石を調べることで当時の取引の広がりを知ることができるのです。

▲ 黒曜石の産地
○ 黒曜石の広がった場所

▲ サヌカイトの産地
○ サヌカイトの広がった場所

▲ ヒスイの産地
○ ヒスイの広がった場所

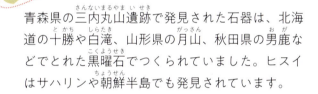

青森県の三内丸山遺跡で発見された石器は、北海道の十勝や白滝、山形県の月山、秋田県の男鹿などでとれた黒曜石でつくられていました。ヒスイはサハリンや朝鮮半島でも発見されています。

舟は重要な交通手段

　石器がするどくなったことで木材が加工しやすくなり、大きな舟をつくることができるようになり、より遠くまで舟で出ることも可能になりました。東京から約290km南にある八丈島の倉輪遺跡から、関東・東海・近畿地方の土器や石器が出土しているということは、それほど遠くまで舟で交流していたということです。

　陸路を歩いていくよりも、より遠くへ、より早く行くことができる舟は、当時は重要な交通手段だったのです。

縄文時代の丸木舟は、大きいもので全長8m、古いもので約7500年前のものが発見されています。写真は、福井県のユリ遺跡で完全な形で発掘された約3900年前の丸木舟。

第1章 ● 縄文時代の食から見る歴史　17

縄文人の健康と人口

　クリやドングリなど、木の実を中心とした安定した生活を選んだ縄文人には、それ以前の狩りをしてくらしていたときにはなかった悩みが発生しました。「虫歯」です。

　動物性のたんぱく質である肉とちがい、でんぷん質である木の実は口の中で糖にかわり、歯をむしばみます。発掘された人骨から、虫歯のあとも発見されています。しかし、木の実をつける広葉樹が少なく、木の実よりも肉を主体とした食生活を送っていた北海道で発掘された人骨には、ほとんど虫歯は見られません。

　また、虫歯になっているわけではないのに、おとなになったしるしとして、犬歯を抜く習慣もあったようです。

＊

　縄文人の平均寿命は現代の半分以下で、およそ40歳。縄文時代が始まったころの人口は2万人ほどでした。

　生活が安定してきた中期（今から4000～5000年前ごろ）には26万人まで増加したと推測されています。特に人口が集中していた東日本では、1km²あたり3人という、当時では世界最高の人口密度だったとも言われています。

　しかしその後、気候が再び寒くなって木の実などがとれなくなり、木の実をエサにしていた動物も数を減らしたことから、人口は8万人まで減少してしまいました。

第 2 章

弥生〜古墳時代の食から見る歴史

米づくりが広まって、くらしは安定しましたが、貧富の差や身分の差ができ、「むら」同士が争うようになります。やがて、「むら」は「くに」になり、「くに」が集まった「ヤマト政権」が誕生します。

弥生時代の歴史ごはん
しっかりかんで長生きをした
卑弥呼のごはん

米づくりが広まっていくなかで、よりたくさんの米をつくるために、人々は団結を強めていきます。一族同士のつながりから、「むら」へ、そして「くに」へ——。なかでも栄えた邪馬台国の女王・卑弥呼が食べていたと考えられる食事です。

卑弥呼
3世紀ごろ、邪馬台国の女王として30あまりの国を治めたとされます。中国の歴史書である『魏志倭人伝』に登場しますが、その正体や、邪馬台国がどこにあったのかはまだわかっていません。

弥生人

縄文人より顔が細長く丸みをおび、鼻すじはせまく、低くなり、まゆもうすかったと考えられています。

❶ 赤米のごはん
むかしの米の品種で、赤い色をしています。蒸して食べるので、今のごはんよりかたかったと考えられます。

❷ 菜茹
「茹」はスープのこと。菜茹は野菜のスープで、写真の具材は、サトイモ・ゴボウ・カブとカブの葉。

❸ ヤマイモ
ヤマイモを蒸したもの。弥生時代は素材自体に味つけをするのではなく、食べるときに調味料をつけながら食べました。

❹ ムカゴ
ヤマイモの葉のつけ根にできる芽（珠芽）の一種。ゆでたり蒸したりして食べます。ほこほことした食感です。

❺ タイのなます
「なます」とは生の魚のうす切りのこと。「刺身」はしょうゆなどをつけて食べますが、「なます」は調味料やほかの食材とあえてあるので、そのまま食べられます。

❻ ワカメと豆醤のあえもの
「豆醤」は、豆を発酵させた、みそのような調味料です。
※発酵……菌やカビなどの微生物の力をかりて、食品を変化させること。

❼ クリ、クルミ
そのまま食べられて栄養も豊富なクリやクルミは、弥生時代にも好んで食べられました。

❾ イノシシ
イノシシは、弥生時代にもよく食べられた動物です。たんぼを荒らすので、退治されることもあったようです。野生のイノシシをとるだけでなく、中国などからやってきたブタを飼育していた跡も見つかっています。

※写真はブタ肉で代用。

❽ イワシ
邪馬台国の有力な候補地の一つ、奈良県の纏向遺跡では、おそなえものと思われる食品が大量に出土し、イワシも入っていました。

第2章 ● 弥生〜古墳時代の食から見る歴史

米を中心とした食生活に変わる

米を食べるようになった弥生時代。これまでの食事との大きなちがいは、「主食」と「おかず」に分かれたことでした。

◈ 米はいつ、どこからやってきたか

　米は、中国南部から海をわたって、あるいは中国国内を北上してから朝鮮半島を通るなど、いくつかのルートをたどって日本に伝わったようです。

　福岡県の板付遺跡や佐賀県の菜畑遺跡では、縄文時代の土器が出土する層から、水田の跡やくわの柄、石包丁、モミなどが見つかっています。米づくりがさかんになったのは弥生時代ですが、米が日本に伝わったのはそれより前、縄文時代の終わりごろと考えられています。

◈ 寒冷化により一気に広まる

　米は、気温が下がってドングリや動物があまりとれなくなったところへ、米づくりの技術をもった渡来人がやってきたことにより、一気に青森まで広がりました。北海道と沖縄には広まらなかったため、縄文的な肉食文化が残りました。

　米は収穫量が多く、おいしくて栄養にもすぐれているため、米づくりが始まると、すぐに「主食」の座を獲得しました。現代と同じ「ごはん＋おかず」という食事スタイルは、弥生時代にはすでにできあがっていたのです。

※渡来人……中国や朝鮮半島から来た人のこと。

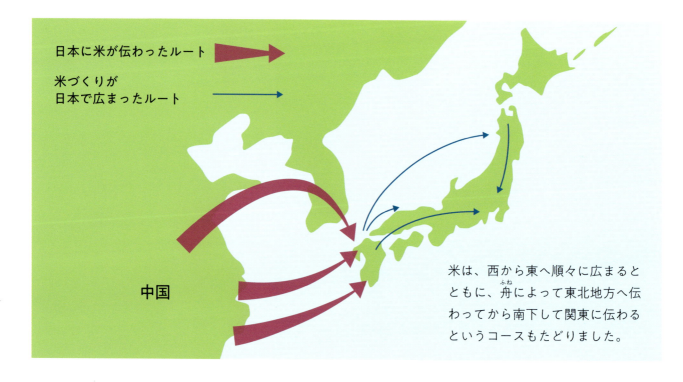

米は、西から東へ順々に広まるとともに、舟によって東北地方へ伝わってから南下して関東に伝わるというコースもたどりました。

◉ 現代と同じように、たいて食べた？

弥生時代の土器に、外側にはすすがつき、内側には米粒がこびりついているものが発見されているため、米は多めの水といっしょに煮るようにしてたいたと考えられます。たきあがる直前に水分を捨てて現代のごはんのように仕上げたり、水分を残したまま、野菜や肉などを入れてぞうすいのようにして食べたりもしたでしょう。スプーンのような木製品も見つかっているので、ごはんを食べるときに使ったのかもしれません。

石川県の杉谷チャノバタケ遺跡では、三角形にまとめられた米が出土しました。米を「おにぎり」として持ち歩くくふうは弥生時代から行われていたようです。

◉ 特別な日の「赤米」

「赤米」は古代につくられていた米の品種の一つで、甑（→31ページ）で蒸す「強飯」の形で食べられていたと考えられています。強飯は、現在私たちが食べている米よりは歯ごたえがあり、よくかまないと食べられませんでした。

祭りなどの特別なときは赤米がそなえられたため、現代でもお祝いごとの席で赤飯が出されるのは、それをまねたものと言われています。

◉ 発酵調味料で味つけが広がる

縄文時代の味つけは塩がほとんどでしたが、弥生時代になると、豆を発酵させた「豆醤」や、魚を発酵させてつくるしょうゆのような調味料も使われるようになります。素材に味をつけるのではなく、食べるときにのせたり、からめたりして食べたようです。

弥生土器にはふたがついた壺が見つかっていますが、こうした調味料やお酒を発酵させるために利用していたと考えられます。

豆醤

第2章 ● 弥生〜古墳時代の食から見る歴史　23

米のためにつくられた道具

米づくりが生活の中心となり、これまでにはなかった、米をつくるのに適した道具も次々とつくりだされました。

🌸 木製の農具がつくられる

米は最初、水けの多い湿地などを利用した「湿田」の形でつくられましたが、しだいにかわいた土地に水を引きこんでつくる「乾田（水田）」に変わりました。

これまでは生活の道具は石器が中心でしたが、農作業をするために、より加工がしやすい木製品を使うようになります。「くわ」や「すき」を使ってたんぼをたがやし、水を引きこんだあとに「えぶり」という道具で土をすいてなめらかにします。どろ状になった水田で、体がしずまずに作業がしやすいように考えられたのが「田げた」です。

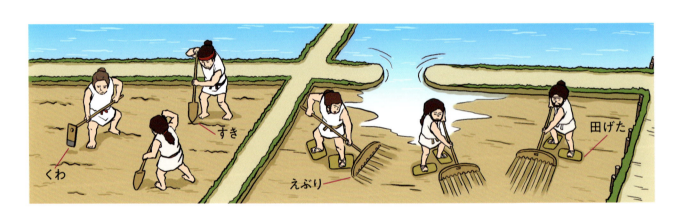

🌸 米が実ったら……

米をかり取るときは、「石包丁」と呼ばれる磨製石器で穂先だけをつみとりました。石包丁につけたひもに4本の指をかけ、穂の根元に石包丁をあてて親指でおさえ、手首を返して穂先だけをつみます。

つみとった稲穂は、モミがついた状態で高床倉庫に保存されます。そこから必要な分だけを取り出し、たて臼に入れて、たて杵でついて、モミをのぞいて食べました。

◆ 用途によって土器を使い分ける

弥生土器は、縄文土器よりも高温で焼くために、うすいけれど、じょうぶにできていました。また、「米をたくもの」と「おかずをつくるもの」に分かれ、小さくなりました。米をたく土器は、ほのおがまんべんなくあたるように全体的にまるく、首の部分がくびれています。一方、おかずをつくる土器はひとまわり小さく、かき混ぜたりつぎ分けたりしやすいように口が広くなっています。

貯蔵するための大型の「壺」や「甕」、煮たきする中型と小型の「甕」、もりつけるための「高坏」「鉢」に分かれます。

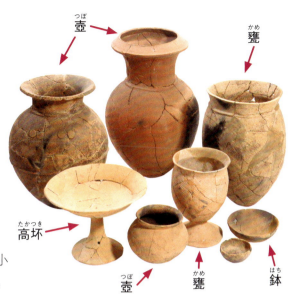

つくってみよう！

しとぎ

弥生時代には赤米をついて粉にしてからつくったと考えられますが、ここではゆであずきで色をつけて赤米風につくりましょう。

[材料]（約20個分）

白玉粉 100g

ゆであずき 25g

きなこ 大さじ2
さとう 大さじ1

[必要な道具]

ボウル　なべ　バット　穴あきおたま

＊弥生時代にはさとうはなく、あまくするときはハチミツを使いましたが、貴重品だったので、お米のほのかなあまみだけで食べていたかもしれません。

① ボウルに白玉粉を半分（50g）入れ、水（分量外）を少しずつ加えながらねる。耳たぶ程度のかたさにする。

② 残りの白玉粉（50g）とゆであずきをまぜてねり、水（分量外）を少しずつ加えて耳たぶ程度のかたさにする。

③ ひと口大に丸めて、まん中を少しへこませてから、ふっとうしたお湯に入れる。浮かび上がってきてから1分ほどしたら取り出す。

できあがり！

さとうときなこを混ぜて、つけながら食べよう！

第2章　弥生〜古墳時代の食から見る歴史　25

弥生時代の「むら」のくらし

縄文時代の流れを受けつぎつつ、米づくりを中心とした、弥生時代ならではの「むら」のくらしが営まれるようになっていきます。

◈ 大きくなる「むら」

米を育てるためには、苗を植えたり、草を抜いたり、かり取りをしたり、人手がたくさん必要です。そのために10～30軒が集まって「むら」をつくりました。

大きくなった「むら」では、米をつくる人、土器をつくる人、道具をつくる人など、役割を分けるようになります。なかでも、祭りを行ったり、農作業や戦いの指揮をとったりする指導者があらわれ、「指導者」と「それに従う人々」という身分の差が生まれます。

また、米は肉や野菜より長い間保存できるため、たくさんつくって、たくわえておくことができます。自分たちがつくった米を守るため、「むら」のまわりに溝（濠）をほり、柵を立てた「環濠集落」をつくります。環濠集落には、竪穴住居のほかに、指導者が住む大きな家や、米を保存する高床倉庫、周囲を見はるための物見やぐらなども建てられました。

かり取った米を、湿度の高い日本でうまく保管しておくために考えられたのが「高床倉庫」です。柱の上には、ネズミが入ってこないようにする「ネズミ返し」がつけられています。

家の中の使い方も変わる

　同じ竪穴住居でも、家の中は、縄文時代とは変わりました。
　炉が入り口と反対側の奥に行き、台所のようなスペースができ、家の中央は食事をしたり団らんしたりする居間になります。居間の両側は、わらなどをしいたり、少し高くしたりして寝る場所とするなど、家の中を区分けするようになりました。

米以外にも、新たな食材が伝わる

　中国や朝鮮半島との交流が増え、米以外にも新たな作物が伝わります。大麦、小麦などのほか、ウリやヒョウタン、カブなどがつくられ、畑作もさかんになります。
　牛、馬、ブタ、ニワトリなどの家畜もやってきました。牛や馬はたんぼをたがやすなど農作業用に利用され、食べるのはイノシシやシカがほとんどでした。

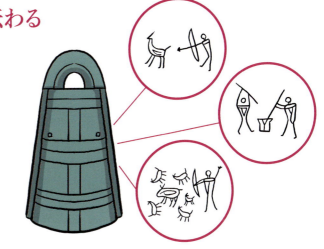

弓でシカを狩る人、杵をもって脱穀する人、弓をもってイヌといっしょにイノシシを狩る人など、銅鐸にえがかれた絵からも、当時の生活をうかがうことができます。

かざりになった青銅器

　世界的には、石器→青銅器→鉄器と道具は進化していきますが、日本では青銅器とほぼ同時期に鉄器が伝わりました。
　青銅器である銅剣・銅矛・銅戈・銅鐸などは最初は実用品でしたが、しだいに大きくなっていき、祭りやいのりのときに使われるものになり、指導者を権威づけるものになりました。
　鉄器は、農具や剣などの実用品として発達していきます。

第2章 ● 弥生〜古墳時代の食から見る歴史　27

「むら」から「くに」へ

米づくりをすることで、完全に定住してくらすようになった「むら」には、身分や富に格差が生まれます。また、「むら」同士の争いもはげしくなっていきます。

◉ 米をめぐる争い

米づくりが広まって安定した生活が送れるようになったことで、人口は60万人にまで増加したと推計されています。

しかし人口が増えれば、それだけ米をたくさんつくらなければなりません。米づくりに適した土地を新しくたがやしたり、自分たちの土地に水を引いたりするために、あるいは米づくりにたずさわる人間を増やすために、「むら」の間でひんぱんに争いが起こるようになります。

弥生中期～後期の遺跡とされる愛知県の朝日遺跡では、溝（濠）の外側に枝つきの木を植えこんだ防御柵を設け、さらにその外側には先をななめに切った杭を打ちこむなど、かたい守りをそなえていました。

◉ 米づくりを発展させた鉄器

渡来人（→22ページ）がもたらした鉄器により、米づくりはさらに発達します。木製のくわやすきの先に鉄をつけたり、鉄製のかまを使うことで、農作業のスピードが上がったのです。また、争いが起こった場合は、鉄剣をもつほうが勝つことになりました。

つまり、鉄を手にした「むら」はますますゆたかになり、その指導者の権力も大きくなり、「豪族」と呼ばれるようになります。彼らは次々と周囲の弱い「むら」を支配し、やがて、大きな集落である「くに」が生まれます。

かま

おの

●「くに」としての権威づけを求めて中国へ

このころ、中国を支配する王朝は秦、前漢、後漢、魏・呉・蜀の三国時代から晋へと移り変わっていましたが、強い力をほこっていました。そこで日本の「くに」は、みつぎ物をして、正式な支配者であると認めてもらおうと、中国へ使いを送りました。

そうした記録が中国の歴史書に残っていて、そこから当時の日本のくらしを知ることもできるのです。

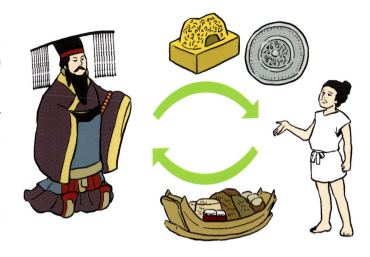

『魏志倭人伝』にえがかれた当時のくらし

3世紀ごろに中国で書かれた『魏志倭人伝』には、30ほどの「くに」をしたがえ、女王・卑弥呼が治める邪馬台国の姿がえがかれています。

それによると、邪馬台国は気候が温暖で、人々は米やアワを栽培し、カイコを育てて布をつくっていましたが、牛や馬、ヒツジなどの動物は飼っていませんでした。夏でも冬でも野菜を食べ、海にもぐって魚や貝をとり、それを生で食べていたといいます。はしなどは使わず、高坏にもった食べものを手づかみで食べていました。

服は、男性は幅の広い布をぬわずにたばねるだけ、女性は布のまん中に穴をあけて頭を通しただけの簡単なものを着ていました。支配者である「大人」、一般人である「下戸」、もっとも下層であり、物品のように献上されることもあった「生口」という身分に分かれていたといいます。

しかし、100～200年ごろの住居跡から、ほぼ同じ大きさの器が4～5個発見されることがあり、高坏から直接食べずに、個人用のお皿に取り分けていたのではないかとも考えられます。歴史書にのっているとはいえ、すべてのくにが邪馬台国と同じようなくらしをしていたわけではないかもしれません。

第2章 弥生～古墳時代の食から見る歴史　29

古墳時代の食生活

「くに」の連合がさらに進むと、自分の力を見せつけるため、巨大な墓である「古墳」をつくるようになります。やがて、大王を中心とした強大な国家「ヤマト政権」が成立しました。

◈ 身分の差がさらに開く

200年代の中ごろから300年代の初頭にかけて、近畿から九州の各地に、前方後円墳を中心とする「古墳」が多くつくられます。副葬品や埋葬の仕方に共通点があることから、近畿（大和）を中心とする「ヤマト政権」が誕生したと考えられています。ヤマト政権は、大王から姓をあたえられた有力な豪族たちが政治に参加する形をとりました。

豪族は周囲に濠をめぐらした広大な屋敷に住み、そこからはなれた場所に、一般の人々が住む集落や水田がつくられました。一般の人々は、柵に囲まれた集落のなかで、まだ竪穴住居にくらしていました。

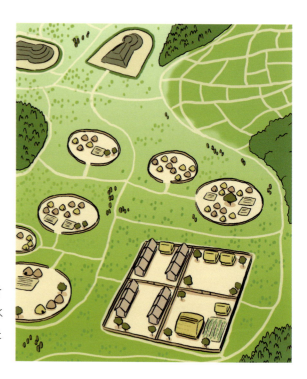

◈ 身分により使う食器も分かれる

土師器

須恵器

土師器はひも状にのばしたねん土をつみ上げて形づくり、火の中に入れて焼きます。須恵器は現代の陶器と同じようにろくろを使って成形し、のぼりがまで焼き上げます。

古墳時代になると、弥生土器の流れをくむ「土師器」と、朝鮮半島から伝えられた技術を用いた「須恵器」がつくられるようになります。豪族など身分の高い人は、青灰色でしっかりした須恵器を使い、一般の人々は赤褐色で割れやすい土師器を使うというように、身分によって食べるものだけでなく、使う器も分かれました。

かまどの登場

このころ、食生活を大きく変えたのは「かまど」です。かまどは家のはしに置かれ、調理をする場所と食事をする場所が完全に分けられるようになります。かまどはそのまま明治時代まで、形を少しずつ変えながら使われ続けます。

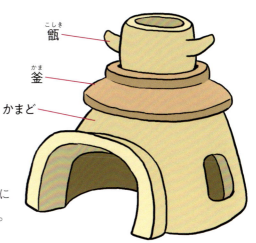

かまどの上に水の入った釜をのせ、そこに穴のあいた甑をのせ、米などを蒸します。

埴輪から見る人々の生活

大阪府の昼神車塚古墳では、食料であったイノシシ、シカ、水鳥、魚の埴輪が発見されました。人や犬と交互にならべることにより、狩りの様子を表していると言われます。

古墳には、もり土がくずれるのを防ぐ目的で、多くの埴輪がならべられました。

また、死後の世界でも生前と同じくらしができるようにとの願いをこめて、身の回りのものと同様の形につくったため、埴輪を見れば、当時の人々がどのようにくらしていたか、どのような服装をしていたかなどを知ることができます。

ミニチュアの食器セットはなんのため？

古墳時代の遺跡から、人が食べるために使うには小さすぎるサイズの壺や甕などの土器が見つかることがあります。

神様へのおそなえものだったのか、埋葬された人が死後も食事に困らないようにうめられたのか、子どもがあそぶためにつくられたのか、目的はわかっていませんが、当時の人たちがよく使っていた食器がわかります。

かまど・甑・なべ・高坏がそろったミニチュア土器。かまどの高さは10cm、甑は6cm。

第2章 弥生〜古墳時代の食から見る歴史　31

日本の歴史書に残る
最初の料理と料理人

　300年代の後半ごろ、朝鮮半島で争いが重なり、多くの人が日本にわたってきました。こうした人たちを「渡来人」と呼びます。

　渡来人が来たことで、米や鉄器、器をつくる技術が大きく発展しました。そのほか、渡来人がもたらしたもののなかで重要なのが漢字です。それまでは「言葉」はあっても、書きあらわすための「文字」がありませんでしたが、漢字が伝わったことにより、日本でも文字で記録を残すことができるようになったのです。

　日本で最初の歴史書と言われるのが、天武天皇の命令によりつくられ、712年に完成した『古事記』です。さらに720年には、国がまとめた最初の正式な歴史書である『日本書紀』がつくられます。そこに、料理についての記述があります。

　景行天皇が東の国々を旅行したときのこと。現在の千葉県・房総半島で白蛤（ハマグリのこと）がとれたので、いっしょにおともをしていた料理人の磐鹿六鴈がなますをつくったところ、天皇は大変喜ばれた、と書かれています。これが、日本の歴史書にのった最初の料理で、六鴈は最初の料理人だと言われています。

古墳時代の中ごろから、「刀子」と呼ばれる鉄製の小刀が使われるようになります。食材をうすく切りそろえやすくなったため、生魚を調味料であえた「なます」がよくつくられるようになりました。

第3章

飛鳥〜奈良時代の食から見る歴史

中国にならって律令国家をめざし、奈良の飛鳥地方に都を置き、710年には平城京へと都を移した飛鳥・奈良時代。税や身分制度など、生活にかかわる国家の基本が定められたことで、食事の形も変わっていきます。

奈良時代の歴史ごはん

日本中の美味を集めた
長屋王のごちそう

奈良時代初期の皇族であった長屋王がどんなものを食べていたのか、荷札として使われた木の板「木簡」の文字からわかります。

1. アズキ入りごはん
2. ハスの実入りごはん
3. 酢アユ（酢でしめたアユ）
4. 蘇（→37ページ）
5. 焼きタコ
6. エビをゆでたもの
7. 菓子（干しガキ、クリ、もち）
8. 煮干しカツオ
9. シカ肉の醤あえ
10. シカ肉の塩辛
11. アワビのウニあえ
12. カモとセリのあつもの（温かいスープ）

長屋王（ながやおう）(684?〜729)

奈良時代初期の政治家で、父は高市皇子、祖父は天武天皇。聖武天皇のもとで左大臣にまでなり、藤原氏に対するほどの力をもちましたが、天皇に対してむほんを起こそうとしたとのうたがいをかけられ、妻や子どもとともに自殺に追いこまれました（長屋王の変）。

◆ 3万5000点にもおよぶ木簡からわかるグルメ生活

長屋王の屋敷は、6万㎡もの広さがあり、使用人の住まいだけでなく、衣類や文具などをつくる工房もありました。また、全国各地から米や野菜や贈りものが絶えなかったといいます。

1986年からの発掘調査により、3万5000点ほどの「長屋王家木簡」が発見されました。その多くは、どこの何をおさめたかを書いた荷札のようなもので、国内の30カ所以上からおさめられたさまざまな季節の食品が記録されており、貴族の豪華なくらしぶりをうかがわせます。

⑬ **ナスとウリの醤漬け（ひしおづけ）**
（醤にウリを漬けたもの。奈良漬の原形と考えられる）

⑭ **サトイモと山菜の煮物（にもの）**

⑮ **タラの楚割（すわやり）**
（細長くさいた魚の身を塩に漬けてから干したもの）

⑯ **塩**

⑰ **豆醤（まめびしお）**

木簡（もっかん）とは？

木簡とは、文字を書くのに使われた細長くてうすい板のこと。使い終われば表面をけずって再利用することができるため、簡単な記録を残すときによく利用されました。律令制度がととのうとともに多くのことが文書で管理されるようになり出土例が増えますが、平安時代以降、紙の普及とともに、しだいに使われなくなっていきます。

第3章 ● 飛鳥〜奈良時代の食から見る歴史

「食べる」ぜいたくを味わう

飛鳥・奈良時代になると、身分によっては「手間ひまのかかったものを食べる」「めったにない貴重なものを食べる」というぜいたくを楽しむようになります。

器の見た目も美しく

政治体制がととのうと、身分もはっきりと分かれ、食事の場面にも差があらわれるようになります。

長屋王のような身分の高い人は、うるしをぬった木製の器や、ガラスの器、銀の器などを使い、皿の数も10以上ならびます。一度にたくさんの料理をつくらないといけないので、料理をつくる専門の人がやとわれていました。

奈良時代、牛乳は薬だった

日本で牛乳が飲まれ始めたのは古墳時代の後期、仏教とともに、牛の飼育法や牛乳の栄養について書かれた書物が伝わったことに始まります。栄養が豊富なため、皇族や貴族の間で薬として重宝されました。

牛乳は税としておさめられていて、牛乳を煮つめた「蘇」（→37ページ）はぜいたく品で、貴族に好まれました。「醍醐」は牛乳からつくられる最上の味とされ、現代でも「醍醐味」といえば、非常においしいもの、あるいは物事の本当のおもしろみをあらわす言葉として使われています。

夏に氷を味わうぜいたく

冷蔵庫のない時代、氷は冬に自然にできるものでした。しかし奈良時代になると、冬の間に分厚い氷を切り出して、山などに穴をほってつくった「氷室」で保存し、夏の暑い時期に取り出して味わうようになります。

長屋王は氷室を2つももっており、夏に須弥酒（にごっていない、すんだお酒）に氷をうかべて飲んだということが木簡によりわかっています。

つくってみよう！

蘇 (そ)

牛乳をひたすら煮つめてつくる「蘇」は、つくる大変さと、ほかの食品にはない味わいから、めずらしい食べ物として貴族たちにとても好まれました。

[材料]
牛乳 1リットル（低脂肪でないもの）

[必要な道具]
フライパン（フッ素樹脂加工のもの）　ゴムべら（熱に強いもの）

1 フライパンに牛乳を入れ、弱火にかける。ふっとうしたらとろ火にし、ゴムべらでときどきゆっくりかきまぜる。

⚠ 最初のうちはかきまぜすぎないほうが早く煮つまります。

2 牛乳の表面に膜が張ってくるので、へらで中にしずめながらかきまぜる。牛乳の色が白から黄色に変わってくる。

⚠ こげつかないよう、底からしっかりかきまぜます。

3 3分の1くらいに煮つまると、色がかっ色になる。こげつかないように注意しながらまぜつづけると、キャラメルのような香ばしいにおいがしてくる。

4 さらに煮つめると、もっと色がこくなり、かたまり状になってくる。にぎれるくらいの固さになったらできあがり。さわれる程度にさめたら、丸や四角など、好みの形にまとめる。

＊フライパンなど浅めのなべを使うと、約3時間ほどでできあがります。奈良時代の記録では1斗（約18リットル）の牛乳を煮つめてつくると書いてあるので、丸一日以上かきまぜ続けないといけない大変な作業だったでしょう。

できあがり！

第3章 ● 飛鳥～奈良時代の食から見る歴史　37

大陸との交流から生まれた食習慣

天皇を中心とした律令国家の体制をつくりあげるため、中国から多くのことを学びます。同時に、料理の面でも大きな影響を受けます。

◆ 正式な食事はテーブルとイスで

　中国の進んだ文化を学ぶため、607年、聖徳太子は小野妹子を隋に派遣し、630年には第1回の遣唐使が派遣されます。食事のスタイルも中国にならい、正式な食事はテーブルとイスで行われ、スプーンとはしが用意されました。

　正倉院には銀のはしとスプーンが残されていますが、平城京跡からはヒノキのはしが多く出土しているので、一般には木や竹製のはしが使われたと考えられます。庶民がくらすエリアからはスプーンの出土例はないので、浸透しなかったようです。

当時のごはんはくずれやすかったので、スープだけでなく、ごはんもスプーンで食べたと考えられています。
　　　　　　　写真提供：奥村彪生キッチンスタジオ

◆ はし食に合わせて包丁の技術が発達

　はしで食べやすいように、食材をうすく切ったり、ひと口大に切ったりすることが求められました。料理する人を「包丁人」と呼んだことからも、切ることが重視されていたことがわかります。現代の和食でも、「切る」ことは下ごしらえではなく、重要な調理法の一つに位置づけられています。

　また、包丁に欠かせないのがまないたです。昔はおかずのことを「菜」と言い、野菜と区別するために魚のことは「真菜（真魚）」と呼びました。真菜を料理するときに使う板なので、「まないた」というのです。

🟠 さとうがもたらされる

それまで日本にあったあまみといえば、ハチミツ、ブドウ科のツタの汁を煮つめた「あまづら」、米などのでんぷん質を変化させた「糖」（水あめの一種）だけでした。奈良時代になると、正倉院に保管されている『種々薬帳』という書物に「蔗糖」（サトウキビなどからつくる糖の一つ）の文字が登場します。当時は、痛みをやわらげ、顔色をよくする薬と考えられていました。

あまづらの原料となるツタと樹液

水あめ

1000年以上の歴史をもつお菓子「清浄歓喜団」。米粉と小麦粉にビャクダン、ケイヒなど7種のお香をまぜてつくった皮であんこを包み、ごま油で揚げます。

🟠 油を使った料理の登場

仏教とともに油（ごま油）を使った調理法も伝わり、食事に大きな変化が生まれます。ごま自体は縄文時代に伝わっていましたが、ごまからつくる油は身分の高い人が明かり用に使うだけで、食用には使っていなかったのです。

ごま油を使った揚げ物やいため物は、これまでにない濃厚な味わいでした。なかでも揚げ菓子は「からくだもの」と呼ばれ、非常に喜ばれました。

器は持つ？　持たない？

現代の和食のマナーでは器は持ち上げて食べるのが正式ですが、中国や韓国では、器は持ち上げないのがマナーです。この時代のマナーも中国式だったため、持ち上げずに食べるのが正式でした。古墳時代の器は底が丸くなっていたのに対し、飛鳥時代後半には平底や台つきのものに変わっているのは、器を置いて食べるようになったからでしょう。

熱いものを入れた金属や陶器の器を手で持つのは大変です。しかし日本では木の器を使っていたので手で持つことができたため、しだいに器を持ち上げて口に近づけて食べるようになり、スプーンは使われなくなりました。

第3章 ● 飛鳥〜奈良時代の食から見る歴史　39

人も、食べものも都に集まる

人や物であふれた華やかな平城京のくらしは、地方からおさめられた税や労働力によって支えられていました。

「税」のルールを明確に定める

ヤマト政権は、中央に大王（天皇）がいて、地方は豪族が支配するという国でした。

しかし645年、中大兄皇子（のちの天智天皇）と中臣鎌足（のちの藤原鎌足）は、もっとも力をもっていた豪族である蘇我氏を滅ぼし、天皇がすべての土地と人民を支配するという新たな国づくりをはじめます（公地公民）。

さらに、人口や性別、年齢をしらべて戸籍をつくり、それにもとづいて、たんぼ（口分田）をあたえるかわりに税をおさめさせるようにしました。これにより人々は食べるためだけに食物をつくるのではなく、租・調・庸という税金をおさめるために働かなくてはならなくなりました。

▼ 主な税の種類

租	米の収穫高の約3%をおさめる	庸	年間に10日間、都で働くか、布をおさめる
調	織物や地方の特産物をおさめる	雑徭	年間60日以内、国内の土木工事などで働く

＊ 各地からおさめられた「調」の例

「調」につけられた荷札（木簡）によって、当時の地域ごとの特産品を知ることができます。また、遠い地方からおさめるため、干したり塩漬けにしたりするなど、加工品をつくる技術も発達しました。

長アワビ アワビの身をうすく細長く切りそろえて干したもの。三重県や千葉県からが多い。

干しカツオ 乾燥させたカツオ。かつおぶしの原形で、削って食品にかけた。

サメの楚割 「すわやり」は、細長くさいた魚の身を塩に漬けて干したもののこと。愛知県、静岡県などから。

火干アユ 「火干」は、焼いてから干したもの。

切りワカメ ワカメを干して、小さく刻んだもの。三重県、北陸、山陰、瀬戸内などから。

カツオの煎汁 干したカツオを煮つめてつくった汁。調味料の一種で、いわば液状のかつおぶし。カツオは主に静岡県から届いた。

塩辛 新鮮な魚介を内臓ごと刻んで塩で漬けて発酵させたもの。しょうゆに近い調味料。

交通網の整備

地方へ中央の命令を伝えたり、軍隊を移動させたりするため、飛鳥時代から平安時代前期にかけて「七道駅路」が整備されました。道路の幅は、都の周囲では20m（最大42m）、地方でも6〜12mもあり、長いところでは30kmもまっすぐな道が続くなど、現代から考えても立派な道路が全国にはりめぐらされました。

都までたどりつく日数は、近畿地方はおおむね5日以内、中国・四国・北陸地方で10〜20日以内、関東は30日以内、東北地方では40日以上かかったと考えられています（九州内は、福岡の大宰府まで運びました）。

この道路は、農民たちが都へ調や庸をおさめるときにも使われました。旅費や食費も自分たちでまかなわないといけないこの旅は、農民にとって大変な負担でした。

取引の場である「市」の整備

平城京は唐の都・長安にならい、碁盤の目状に整備されました。幅約74mの朱雀大路を中心に左京と右京に分けられ、それぞれに政府（市司）が管理する市場として東市と西市がつくられました。市は正午から日没まで開かれ、物の売り買いはここでしかできない決まりになっていました。

朝廷は、富本銭や和同開珎など次々と銅銭を発行しましたが、都の近辺で流通するだけで、地方では物々交換が中心でした。

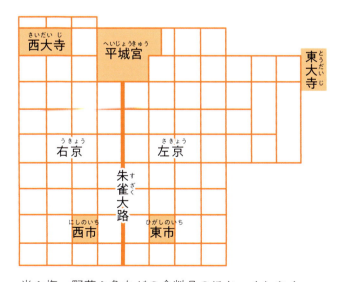

米や塩、野菜や魚などの食料品のほか、くしやくつ、筆、炭、針、薬などの日用品、絹や麻や糸などの繊維製品、弓やよろいなどの武具など、各地の品が売買されました。

第3章 ● 飛鳥〜奈良時代の食から見る歴史　41

肉ではなくダイズのうまみへ

飛鳥・奈良時代に、お坊さんだけでなく、一般の人まで動物の肉を食べるのが禁じられます。これは、和食が独自の進化を始める大きなきっかけの一つでした。

🔶 肉食禁止は仏教のせい？

仏教は500年代に日本に伝わり、有力な豪族であった蘇我氏に信仰されたことで一気に広まりました。仏教の教えの一つに無益な殺生を禁じるというものがあり、675年には天武天皇が最初の肉食禁止令を出します。ただしこれは一定期間、牛や馬、犬、ニワトリなどの限られた動物を食べることを禁じただけだったので、人に役立つ動物を保護することが目的だったとも考えられています。

また、肉を食べると米づくりが失敗すると信じられていたため、肉食が禁じられたという説もあります。米が不作だと国の財政がきびしくなるので、個人の食習慣にまで国家が口を出したのでしょう。

＊肉食禁止の歴史

食べてはいけない期間を限定 → 食べてはいけない種類を限定 → とり方を限定 → 食べてはいけない人を限定 → 一切の禁止

🔶 肉食の解禁は明治維新！

仏教への信仰心が深かった聖武天皇は何度も肉食の禁令を出し、745年には3年間、一切の動物を殺すことを禁じる法令を出します。当初は僧侶や貴族階級だけが従っていましたが、しだいに肉はけがれた食べものとして避ける風習が一般の人にも広がり、肉食禁止の令は、明治政府によりとかれるまで続いたのです。

🟧 肉以外から「うまみ」を探す

　肉食が禁じられたことで、体に必要なたんぱく源は動物ではなく、魚やダイズに頼ることになります。また、肉から得られるうまみを手放したことで、魚や野菜からだしをとるという和食の基本ができあがりました。

　特にダイズはさまざまな加工食品となり、日本料理に欠かせないものになります。

＊主なダイズの加工品

🟧 末女豆木（まめつき）
いったダイズを粉にしたもの。きなこ。

🟧 醤（ひしお）
奈良時代の代表的な調味料。しょうゆの元祖といえます。

🟧 鼓（くき）
加熱したダイズを発酵させた、塩けが強いみそのような調味料。京都の大徳寺納豆や静岡の浜納豆と似ています。

🟧 未醤（みそ）
　煮たり蒸したりしたダイズに塩や麹※を加えて発酵させた調味料で、現代のみそと似たもの。みそ汁として飲むより、副食としてなめたり、野菜にあえたり、調味料として使われるのが一般的でした。

※麹……食品を発酵させるのに必要なカビなどの微生物。

遣唐使がもたらしためん類

　遣唐使が唐から日本に持ち帰ったものの一つに、「索餅（スゥオミェン）」があります。小麦粉をねってなわ状に編んだ唐菓子の一種で、その形から「麦縄」とも呼ばれました。これをめん状に細くのばしていったのが「索麺」、つまりそうめんの原形ではないかとも言われています。

　しかし、めんをつくるには小麦をきれいな粉にする技術が必要なため、めん類が広く食べられるようになるのは、江戸時代になってからのことです。

貴族と庶民 ― 食の二極化

律令制がととのうことにより、身分は固定し、ゆたかな人とまずしい人の差はますます広がっていきます。その差は、食生活にもおよびました。

❀ 皿数も、使う食器も異なる

貴族の食卓は漆器、ガラス、釉薬を使った陶器、銀器、青銅器などはなやかになるのに対して、下級役人や一般の人々は、古墳時代と同じ土師器や須恵器（→30ページ）、木製の食器を使いました。皿の数も、圧倒的に少なくなります。

身分の差が、食事の面ではっきりと区別されるようになるのがこの時代です。

※漆器……ウルシをぬった木の器。ウルシをぬることで長持ちし、ツヤが出る。
※釉薬……陶器の表面にぬることで、焼き上げたときに表面にツヤが出る。

＊下級役人の食事

1. 玄米
2. 焼き魚
3. つけもの
4. 糟湯酒（酒かすを湯にといたもの）
5. 牛乳
6. 塩

＊一般の人々の食事

1. 玄米
2. ノビルなど野菜をゆでたもの
3. 海藻などの汁
4. 塩

庶民の食事は、およそ1400kcal。このころの食事の回数は、貴族も一般の人も朝と夕の一日2食でした。体格に差があるとはいえ、現代の成人男性が一日寝ているだけでも消費するカロリーが約1500kcalであることを考えると、ちょっときびしい食生活です。

基本的な食器

平城京で出土する土器は、碗（深さのある器）と皿（平らな器）の割合が2：2〜3くらいになっています。碗はご飯や汁を、皿はおかずを入れたとすれば、食事は一汁二菜あるいは一汁三菜が中心だったことが、出土品からも推測できます。

また、奈良時代の食器には、同じ形で大きさのちがう器があることから、身分に合わせて決められたサイズの器を使い分けたと考えられます。

スギやヒノキなどのうすい板を曲げて丸くし、底に板をつけた「笥」や、かしわもちに使うカシワの葉をお皿がわりにすることもありました。

住居にもあらわれる身分の差

奈良時代になっても農民は、弥生時代と同じようなつくりの竪穴住居に住んでいました。口分田（→40ページ）のほかにも畑をつくり、自分たちが食べるカブなどの野菜を育てていましたが、くらしはまずしく、米を口にすることはむずかしい状況でした。

一方、同じ農民でも平城京内に住んでいる人は、200㎡ほどの宅地があたえられ、小規模な掘立柱建物が2、3棟と、畑や井戸のあるくらしを送っていました。同じ農民でも、地方と都市部では大きな差があったようです。

ごはんを"もる"という理由

貴族であっても、農民であっても、ごはんは器に山のようにもるのが決まりでした。そうすることで、神聖なお米に、神様の力がおりてくると考えたのです。そのなごりで、今もごはんを茶碗に「もる」、料理をお皿にならべることを「もりつける」と言うのです。

しかし、強飯（甑で蒸した米）はかたくて食べにくいので、しだいに、やわらかくたいた「姫飯」が常食されるようになり、うず高くもることはなくなっていきます。

第3章 ● 飛鳥〜奈良時代の食から見る歴史　45

歌にもうたわれたまずしい生活

奈良時代になると、出土品からだけでなく、文学作品からも当時のくらしを知ることができます。

たとえば、奈良時代末につくられた『万葉集』は、長歌、短歌など4536首もの歌をおさめる和歌集です。作者は貴族だけでなく、一般の人もふくめ、全国各地から集められたため、当時を知るよい資料になっています。

たとえば、現在の福岡県に国司(地方の長官)として派遣された山上憶良は、まずしい農民の姿を目にし、その生活の苦しさをうたった『貧窮問答歌』をつくります。

> かまどには　火気ふきたてず
> 甑には蜘蛛の巣かきて
> 飯炊くことも忘れて……

「米をつくる農民でありながら、米をたくべきかまどには火の気がなく、米を蒸す甑にはクモの巣がはって、長い間ごはんをたいていないことをうかがわせるのに、それでも村長は税の取り立てにやってきて、なんとつらい世の中だろう」となげいたものです。当時の農民の苦しい生活ぶりが、具体的にうかび上がってきます。

『万葉集』に残る食べものの歌

『万葉集』には、食べることに関する和歌が多く取り上げられています。食は、当時の人々にとって大きな関心ごとだったのでしょう。

> 醤酢に蒜搗き合てて鯛願う
> 吾にな見えそ水葱の羹

醤と酢と、蒜(薬味)を混ぜ、うす切りのタイにつけて食べたいと空想しているのに、食べ慣れた水葱の熱い汁ものを出されてがっかりした気持ちを歌ったもの。出された食事に対して「別のものが食べたかった」と文句をつけるのは、奈良時代も現代も、変わらないようです。

また、『万葉集』の歌を選んだとされる大伴家持も、こんな歌をよんでいます。

> 石麿にわれ物申す
> 夏痩に良しといふ物そ　鰻取り食せ

石麿というあだ名の友人にあてた歌で、いくら食べてもやつれているのをからかって、「夏やせにはウナギを食べるといいよ」とすすめる歌。「夏バテにはウナギ」というのは、奈良時代からの伝統だったのです。

すし ― 寿司・鮨・鮓、どれが正しい?

　和食の代表であり、私たちにもなじみ深い「すし」は、平安時代中期にまとめられた『延喜式』によれば、持統天皇（645〜702）へ献上した「鰒鮓」（鰒＝あわびのこと）として登場したのが最初とされます。当時のすしは「なれずし」と言い、塩漬けした魚とごはんを重ねて発酵させ、どろどろになったごはんを取りのぞいて、魚だけをうす切りにして食べます。今も滋賀県でつくられる「ふなずし」や、石川県や富山県でつくられる「かぶら寿司」がその形を残しています。

　酸味があることから、「すっぱい」という意味の「酸し」から「すし」という料理名ができたといわれます。同じような料理を中国では「鮓」と書くため、日本でもこの漢字をあてました。西日本では、今でも「鮓」の字が使われます。

　一方、「鮨」は、中国では魚のひれや魚醤、オオサンショウウオをあらわしますが、「魚が旨い」という字が好まれて、江戸時代ににぎりずしが広まったときに「鮨」の字が使われ、今も東日本では「鮨」が多く使われています。

　「寿司」の字は「寿を司る」と読め、縁起がよいと江戸時代末期ごろにはやりだしました。魚へんでないことから、いなりずしや巻きずしなど、魚を使わないものにも使いやすいので、現代では「寿司」「すし」がもっとも使われています。

ふなずし

かぶら寿司

● **監修者紹介**

永山久夫（ながやま ひさお） 食文化史研究家、日本長寿食研究所所長

1932年、福島県生まれ。古代から明治時代までの食事復元の第一人者として活動。日本各地に赴き、長寿の人の食事を調査研究する。主な著書に『「和の食」全史』（河出書房新社）、『なぜ和食は世界一なのか』（朝日新書）、『武士のメシ』（宝島社）など多数。

- -

山本博文（やまもと ひろふみ） 歴史学者（日本近世史）、東京大学史料編纂所教授

1957年、岡山県生まれ。東京大学文学部国史学科卒業。同大学院人文科学研究科修士課程修了。文学博士。主な著書に『江戸お留守居役の日記』（講談社学術文庫）、『天皇125代と日本の歴史』（光文社新書）、『流れをつかむ日本史』（角川新書）、監修書に『角川まんが学習シリーズ 日本の歴史』（KADOKAWA）など多数。2020年没。

＊**写真提供** 朝日新聞社（表紙,p6,20）、富山県埋蔵文化財センター・太田市立新田荘歴史資料館・福島県文化財センター白河館（p8）、青森県教育庁文化財保護課（p12,14,15）、北区飛鳥山博物館（p16）、若狭三方縄文博物館（p17）、福岡市埋蔵文化財センター（p24,28）、佐賀県教育委員会（p25）、国営海の中道海浜公園事務所（p26）、浜松市博物館・茨城県教育財団（p30）、高槻市教育委員会・大津市埋蔵文化財調査センター（p31）、鳥取市因幡万葉歴史館（p34,36）、奈良文化財研究所（p38,44）、奈良女子大学・まよみ堂・亀屋清永（p39）、えさし藤原の郷（p45）、鮒寿し 魚治・株式会社四十萬谷本舗（p47）

＊**イラスト** 株式会社あうん（幸池重季、伊藤正美）　＊**料理作成** 原 敬子／**料理撮影** 瀧本加奈子（P9,25,37）
＊**装丁** 株式会社ワード（白岩麗）　＊**校正** 株式会社鷗来堂、株式会社ワード
＊**本文デザイン** 株式会社ワード（梅林なつみ）　＊**企画・編集** 株式会社ワード（合力佐智子）

＊**主な参考文献**

『「和の食」全史』永山久夫著、河出書房新社	『イラスト版 たべもの日本史』永山久夫著、河出書房新社
『日本の食文化史』石毛直道著、岩波書店	『日本食物史』江原絢子・石川尚子・東四柳祥子著、吉川弘文館
『日本食生活史』渡辺 実著、吉川弘文館	『日本料理とは何か』奥村彪生著、農山漁村文化協会
『日本料理の歴史』熊倉功夫著、吉川弘文館	『知られざる縄文ライフ』譽田亜紀子著、誠文堂新光社

※本書に掲載されている情報は、2018年9月現在の情報に基づいております。また、伝来の年や由来などには諸説あるものがあります。

CD56195

《歴史ごはん》食事から日本の歴史を調べる

第1巻 縄文〜弥生〜奈良時代の食事

2018年12月13日　初版第1刷発行
2025年 5 月17日　初版第5刷発行

発 行 人　泉田義則
発 行 所　株式会社くもん出版
　　　　　〒141-8488　東京都品川区東五反田2-10-2　東五反田スクエア11F
　　　　　電話　03-6836-0301（代表）
　　　　　　　　03-6836-0317（編集部直通）
　　　　　　　　03-6836-0305（営業部直通）
　　　　　ホームページアドレス　https://www.kumonshuppan.com/
印刷・製本　株式会社DNP出版プロダクツ

NDC210・くもん出版・48P・28cm・2018年・ISBN978-4-7743-2773-0
© 2018 KUMON PUBLISHING Co.,Ltd.　Printed in Japan
落丁・乱丁がありましたら、おとりかえいたします。
本書を無断で複写・複製・転載・翻訳することは、法律で認められた場合を除き禁じられています。購入者以外の第三者による本書のいかなる電子複製も一切認められていませんのでご注意ください。